TROISIÈME PAGE D'HISTOIRE LOCALE

CONFÉRENCE
sur la
GUERRE DES ALBIGEOIS
Dans le Lauragais et dans les environs

FAITE A LA

Distribution des Prix du Collège de Castelnaudary

Le 4 Août 1895

Par M. le Docteur MARFAN

Chevalier de la Légion d'honneur
Député de l'Aude
Conseiller général et Maire de Castelnaudary

CASTELNAUDARY
Imprimerie et Librairie M. ESCAFFRE
32, rue de la Mairie, 34, et rue Montléon, 2.

1895

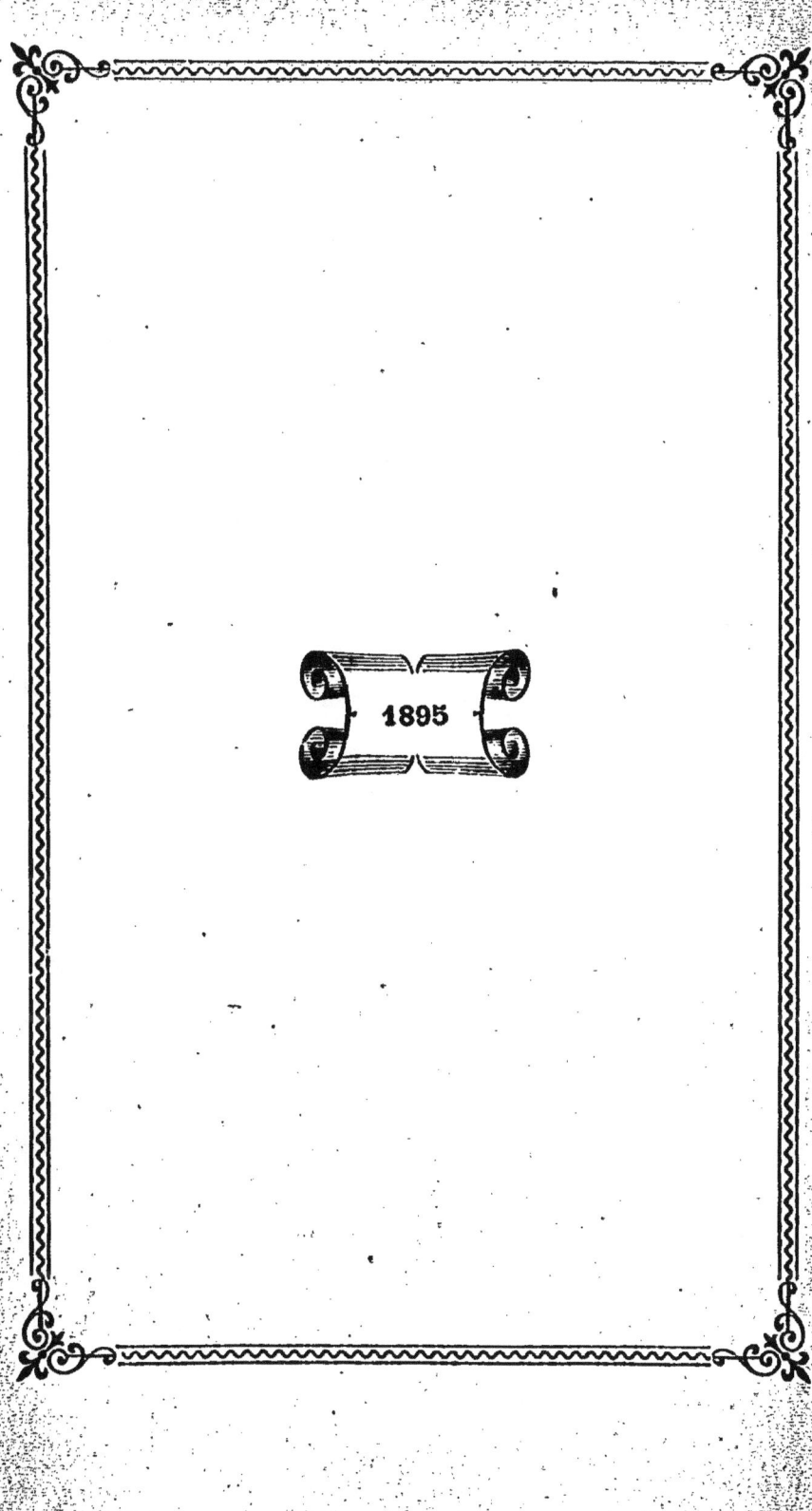

TROISIÈME PAGE D'HISTOIRE LOCALE

CONFÉRENCE
sur la
GUERRE DES ALBIGEOIS
Dans le Lauragais et dans les environs

FAITE A LA

Distribution des Prix du Collège de Castelnaudary

Le 4 Août 1895

Par M. le Docteur MARFAN

Chevalier de la Légion d'honneur
Député de l'Aude
Conseiller général et Maire de Castelnaudary

CASTELNAUDARY
Imprimerie et Librairie M. ESCAFFRE
32, rue de la Mairie, 31, et rue Montléon, 2.

1895

TROISIÈME PAGE D'HISTOIRE LOCALE

LA
GUERRE DES ALBIGEOIS
Dans le Lauragais
et dans les Contrées voisines.

La croisade contre les Albigeois, dura de 1206 à 1299. Selon l'expression de Châteaubriand « elle est un abominable épisode de notre histoire ». C'est la première croisade de chrétiens contre chrétiens.

Au XIe siècle, diverses doctrines religieuses dérivées de celles des Manichéens s'étaient peu à peu répandues dans tout le royaume de France. Le Nord, quoique moins porté aux discussions théologiques, avait cependant été témoin de la révolte spirituelle de l'archidiacre d'Angers, Bérenger, qui attaquait le dogme de la transsubstantiation.

Dans le Midi existaient diverses sectes connues sous les noms de Pétrobusiens, disciples de Pierre de Bruïs, brûlé à Saint-Gilles, d'Henriciens, sectateurs d'Henricus continuateur de Bruïs, de Paterins, de Catherins, etc... Les plus nombreux étaient les Vaudois, sectateurs de Pierre de Vaux ou Valdo. Valdo était un riche négociant de Lyon qui, après avoir distribué sa fortune aux pauvres, alla dans la Provence et dans le Languedoc, prêchant la réforme des mœurs, attaquant vivement la puissance, la domination et les abus du clergé. Il cherchait à jeter les bases d'une religion semblable à celle de Luther et de Calvin.

Les partisans de ces diverses sectes s'étaient multipliés dans ces deux provinces, où s'étaient conservés les vestiges de la civilisation romaine, où les mœurs étaient encore imprégnées de son amour des lettres, des arts et de la liberté. Les communes y avaient conservé les franchises municipales; les petites cours seigneuriales tenaient à honneur d'appeler, d'encourager les poètes et les savants. L'esprit y avait pris des allures d'indépendance, qui ne s'étaient jamais traduites par des actes d'intolérance.

Les papes Grégoire VII et Alexandre III, prélats pleins de mansuétude et de bonté, avaient toléré, sans en prendre ombrage, ces dissidents de l'Eglise catholique qu'ils espéraient ramener par la persuasion. Mais le pape Innocent III, circonvenu par les hauts dignitaires du clergé, archevêques, évêques et moines, qui lui faisaient craindre de voir une *église s'élever contre l'Eglise,* finit par céder à leurs conseils et résolut d'anéantir l'hérésie par la persécution ou plutôt par l'extermination.

Avant d'ordonner la levée de boucliers qui devait servir à ces lugubres desseins il avait envoyé en France trois légats : Arnaud, Pierre de Castelnau et un prêtre de grand savoir nommé Raoul. Il leur avait adjoint Jacques, évêque d'Osma et Dominique, chanoine régulier de son ordre. Ces délégués parcouraient la province, disputant contradictoirement avec les chefs des sectaires, n'omettant pas la menace des foudres que la papauté tenait en réserve. Pierre de Castelnau remplissait cette mission dans la Provence. Une circonstance le mit en rapport avec Raymond VI, comte de Toulouse. Il lui reprocha ses secrètes complaisances pour les hérétiques, et dans un langage très violent lui fit redouter une terrible vengeance.

Quelques jours après Pierre de Castelnau était assassiné dans une barque pendant qu'il traversait le Rhône ; Raymond fut accusé de ce crime. Le concile d'Albi avait déjà préparé la guerre. La mort du légat va en être le prétexte. Elle sera implacable et furieuse, comme toutes les guerres où les combattants sont animés du fanatisme religieux. Ce sera une lutte sauvage, une lutte sans merci, où, à côté d'actes de révoltante sauvagerie, se produiront des actes héroïques de fermeté, de sacrifice, de mépris de la mort.

Le comte de Toulouse fut excommunié par une Bulle datée des Ides de Mars 1208, qui donnait ses domaines au premier occupant.

Après ce prologue les événements vont se dérouler sans interruption. Le Saint-Siège, avec l'approbation du roi Philippe-Auguste, fait publier une croisade contre les hérétiques. Ce sont les moines de Citeaux qui la prêchent dans les divers pays de France. Ils fulminent contre l'hérétique et promettent aux croisés plus de pardons, plus d'indulgences que n'en avaient obtenus ceux qui avaient été combattre l'infidèle. Partout on se croise contre les Provençaux et contre les Languedociens. Les nouveaux soldats de la Foi portent la croix sur le devant de la poitrine, tandis que dans la croisade antérieure ils la plaçaient sur le dos.

C'est aux environs de Lyon qu'ils se réunirent au nombre de 100,000 (un historien anglais les porte à 500,000). Les plus forts contingents avaient été fournis par les Allemands, les Bourguignons et les Lorrains. A cette armée s'étaient joints un grand nombre d'archevêques, d'évêques, de moines et maître Théodise, un archidiacre de l'église de Notre-Dame-de-Paris, qui devint l'ingénieur de la Croisade. C'est lui qui dirigeait les sièges et construisait les machines pour battre les murailles et les tours.

Cette masse d'hommes s'ébranla, prit la direction du Languedoc et vint mettre le siége devant Béziers. Raymond Roger, vicomte de Béziers et de Carcassonne, savait qu'il était accusé d'hérésie : il n'ignorait pas qu'on avait désigné ses états à la fureur des croisés comme étant des foyers hérétiques. Il avait mis sa place en état de défense. Tandis qu'il faisait ses préparatifs de résistance, l'évêque de la ville dressait la liste des habitants qu'il devait livrer aux chefs de la croisade.

Les assiégeants installent leur camp autour de la ville. Ils construisaient des retranchements lorsque, par une imprudente témérité, les assiégés font une sortie pour les surprendre et détruire leurs travaux. Les Croisés prennent les armes, repoussent les assaillants, les poursuivent si vigoureusement qu'ils ne leur donnent pas même le temps de fermer les portes et entrent à leur suite dans Béziers. C'est alors un massacre général, et comme quelques-uns hésitent parce qu'ils ne savent distinguer les hérétiques des orthodoxes : — « Tuez-les tous, leur crie l'abbé de Citeaux, Dieu choisira les siens. »

« Voyant cela, ceux de la ville se retirèrent, ceux qui
« le purent, tant hommes que femmes, dans la grande

« église de Saint-Nazaire ; les prêtres de cette église firent
« tinter les cloches jusqu'à ce que tout le monde fut mort.
« Mais il n'y eut ni son de cloche, ni prêtre vêtu de ses
« habits, ni clerc qui pût empêcher que tout ne passât par
« le tranchement de l'épée. Un tant seulement n'en put
« échapper. — Ces meurtres et tueries furent la grande
« pitié qu'on eût depuis longtemps vue ni entendue. —
« La ville fut pillée ; on mit le feu partout, tellement que
« tout fut dévasté et brûlé, comme on le voit encore à
« présent, et qu'il n'y demeura chose vivante. Ce fut
« une cruelle vengeance, vu que le Comte n'était pas hé-
« rétique, ni de la secte. A cette destruction furent le
« duc de Bourgogne, le comte de Saint-Pol, le comte
« Pierre d'Auxerre, le comte de Gauvé, appelé Gui-le-
« Comte, le seigneur d'Anduze, appelé Pierre Vermont, et
« aussi y étaient les Provençaux, les Allemands, les Lom-
« bards ; il y avait des gens de toutes les nations du
« monde, lesquels y étaient venus plus de 300,000, comme
« on l'a dit, à cause du Pardon. » (1)

Le nombre des victimes est fixé à 60,000 selon certains historiens, à 38,000 selon d'autres, à 20,000 d'après la lettre de l'abbé de Citeaux au pape.

L'impitoyable sac de Béziers avait répandu la terreur dans les villes voisines. Aymeric, vicomte de Narbonne, Bérenger son archevêque, suivis des députés, des nobles et des bourgeois de cette ville se rendirent au camp des croisés pour pro-

---

(1) Chroniques Languedociennes.

tester de la sincérité de leur foi catholique et de leur intention bien arrêtée de poursuivre les hérétiques.

L'armée des croisés se dirigea vers Carcassonne où s'était enfermé le vicomte de Béziers qui avait pu échapper au massacre en s'enfuyant au moment de l'entrée des assiégeants.

Cette place, une des plus fortes de la province, renfermait une garnison nombreuse et bien armée, composée en partie des vassaux du vicomte et des habitants des environs qui avaient cru trouver plus de sécurité dans ses murs. Cependant Pierre d'Aragon, qui prétendait avoir droit de suzeraineté sur les comtés de Béziers, de Narbonne et de Carcassonne, se rendit au camp des croisés pour intercéder en faveur du jeune Roger, dont il était l'ami et l'allié. L'abbé de Citeaux et les chefs de l'armée tinrent conseil pour fixer les conditions auxquelles le vicomte et les assiégés pourraient sortir de la ville. Le traité suivant fut arrêté : *Roger sortirait, lui treizième, avec armes, chevaux et bagages ; il livrerait tous les habitants à la merci des croisés.* Le roi d'Aragon entra dans la place pour aller porter à son jeune ami les exigences des assiégeants. En les attendant le vicomte s'écria qu'il aimait mieux être écorché tout vif que de commettre la lâcheté d'abandonner le moindre des citoyens de cette ville.

Le siége, un moment suspendu, fut repris avec vigueur, mais les assauts des croisés venaient se briser contre la résistance des murailles et le courage des assiégés, qui venaient jusque dans les fossés brûler les grosses machines de l'archidiacre Théodise. Montfort désespérait de prendre la ville. Voyant ses soldats décimés ou découragés, il était sur le point de lever le siége, lorsqu'il apprit que la sécheresse, qui durait depuis plusieurs mois, avait tari les puits de la ville. L'absence d'eau, la diminution progressive des provisions de bouche, l'espoir trop lointain d'un secours ou d'un ravitaillement avaient réduit les habitants aux abois. Ils demandèrent à capituler à condition qu'on leur laisserait la vie sauve.

Les chefs de l'armée demandèrent à délibérer. Ils reconnurent qu'il leur serait impossible de prendre la place d'assaut, et par un remords facile à comprendre ils ne voulurent pas renouveler les massacres de Béziers, en livrant la ville au pillage des croisés. Il fut donc décidé que les assiégés auraient la vie sauve. Toutefois, ils ne devaient franchir les murs qu'avec leurs chemises et leurs brayes. C'est dans ce simple costume qu'ils sortirent le 15 Août 1209. On garda le vicomte Roger prisonnier sous le prétexte de conserver un ôtage pendant l'exécution du traité.

La relation que nous venons de rapporter est celle de Pierre de Vaux-Cernay. L'anonyme du Languedoc prétend que tous les habitants purent s'enfuir par un souterrain qui venait déboucher loin de Carcassonne près des tours de Cabardès. Un autre historien raconte que 450 d'entre eux ne voulurent pas abjurer leurs croyances, que 400 furent brûlés vifs et 50 pendus.

Le vicomte Roger fut gardé et enfermé dans une tour du palais vicomtal de Carcassonne, où il mourut de la dyssenterie, disent les uns, empoisonné, disent les autres.

Après la prise de Carcassonne, le moment parut propice à l'abbé de Citeaux de faire désigner le chef qui commanderait à l'armée du Seigneur et garderait en toute propriété les domaines conquis. Il réunit les principaux croisés et proposa de déférer le commandement au duc de Bourgogne, qui n'accepta point, ayant assez de domaines pour ne pas usurper ceux des autres. Le duc de Nevers fit la même réponse. Simon de Monfort accepta la dignité et ses apanages. Il se fit immédiatement octroyer une charte où il était désigné sous les titres suivants : Simon, seigneur de Montfort, comte de Leycestre, vicomte de Béziers et de Carcassonne.

Son armée commençait à se fondre. Beaucoup

de croisés avaient atteint les quarante jours de service nécessaires pour gagner les indulgences promises par la Bulle de la croisade. Ils retournèrent dans leur pays; mais survint un contingent allemand qui rétablit les forces de Montfort. Il put, avec son armée ravitaillée, menacer le Comte de Foix dans ses domaines et faire une expédition dans l'Albigeois.

Lavaur lui résista un mois. Cette ville était la propriété féodale d'une dame veuve Guiraude, sœur d'Aymeric, seigneur de Montréal et de Laurac-le-Grand. Quatre-vingts chevaliers braves et résolus la défendaient; de nombreux hérétiques étaient venus s'y enfermer. Simon de Montfort l'assiège; mais elle résiste avec opiniatreté. La lenteur du siége et la nouvelle de la destruction d'un corps de six mille allemands qui venaient le rejoindre, mit le comble à son irritation. Aussi quand il entra dans la place il ne fit aucun quartier. Les défenseurs furent brûlés ou pendus et dame Guiraude fut jetée vivante dans un puits qu'on combla avec des pavés, sous le prétexte qu'elle était une hérétique obstinée.

Le généralissime des croisés eut un moment l'intention de se porter sur Toulouse même; mais il était informé que des négociations se poursuivaient auprès du Saint-Siége pour amener la paix.

Le Comte de Foix avait lui-même fait le voyage de Rome ; le comte de Toulouse avait envoyé des ambassadeurs au pape, autant pour obtenir une trêve que pour se faire relever de l'excommunication. Ces circonstances l'amenèrent à reprendre la route de Carcassonne, où il pourrait attendre un nouveau corps de croisés que devait lui amener sa femme Alix de Montmorency.

Sur son chemin il trouva le château des Cassés. Cette petite place, située à trois lieues de Castelnaudary, dépendait du domaine immédiat du comte de Toulouse. Raymond, qui suivait d'un œil inquiet la marche de Simon, eut un moment l'intention de la défendre. Ne se trouvant pas en force il marcha sans bruit sur Castelnaudary, dont il brûla les faubourgs pour ne pas en permettre l'occupation aux croisés.

La garnison des Cassés soutint le siège pendant quelques jours. Mais, manquant de vivres, n'attendant aucun secours du dehors, elle se rendit aux conditions suivantes : elle se retirerait, la vie sauve, où bon lui semblerait ; on livrerait les hérétiques qui se trouveraient dans la place. Ce traité accepté, les portes furent ouvertes ; les croisés y pénétrèrent, excités par les évêques qui les engageaient à rechercher et à punir les hérétiques. Ils se trouvèrent en présence de ceux qu'on appelait les *parfaits*, c'est-à-dire qui aimaient mieux subir les derniers supplices que de renier leurs croyances. Leur refus de se convertir fut le signal du massacre ; cinquante-deux chevaliers, livrés aux croisés, furent brûlés vifs avec une grande joie « *ingenti gaudio.* »

La Pomarède, localité voisine des Cassés, eut aussi les honneurs d'un investissement, mais pendant qu'on installait les troupes autour de la forteresse ses habitants et ses défenseurs en sortirent pendant la nuit. Quand les assiégeants y pénétrèrent, ils ne trouvèrent que les murailles.

Ils devaient rencontrer à Montferrand, situé sur le contrefort des mêmes collines, plus de résistance et moins d'affolement. Le comte de Toulouse, prévoyant que ce château serait attaqué, en avait confié la défense à son frère Baudouin, qui, avec les habitants et quatorze chevaliers déterminés, contint les efforts de 14,000 croisés. Cependant les machines des assiégeants avaient fait une brèche à la muraille. Simon donne aussitôt le signal de l'assaut, mais ses soldats sont accueillis avec une telle impétuosité qu'ils sont obligés de battre en retraite et de laisser au pied des murailles les engins qui avaient servi à les entamer. L'artilherie, pour employer un mot avec l'orthographe de l'époque, fut aussitôt détruite et la brèche réparée.

Montfort comprit, aux dispositions prises et à

l'énergie de la défense, qu'il avait en face de lui un adversaire brave et résolu, contre lequel se heurterait sa ténacité. Il chercha à l'attirer et à le détacher de son frère par la ruse, la flatterie et des promesses. Il lui envoya un parlementaire pour le prier de venir conférer avec lui. Il s'engageait, foi de gentilhomme, à ne dresser aucune embûche contre sa sûreté et à lui laisser toute liberté après l'entrevue. Son premier soin fut de vanter son courage et ses qualités personnelles. Il insinua ensuite qu'il ne comprenait pas la conduite de son frère, lui donnant dans la guerre un rôle si effacé et si dangereux. Il n'hésita pas à lui laisser entendre que Raymond, par un calcul intéressé ou par jalousie, voulait se débarrasser de lui. A ces perfides insinuations il ajouta : Baudouin n'aura rien à perdre à se ranger sous ma bannière ; je lui taillerai de larges domaines dans les possessions conquises.

Le défenseur de Montferrand accepta ces propositions. Il revint près de son frère pour lui faire part de la reddition de la place et de l'engagement qu'il avait pris de ne plus prendre les armes contre Simon de Montfort. Raymond, outré de sa conduite, lui fit défense de paraître jamais devant lui.

Le chef des croisés tint parole. Il donna à Baudouin plusieurs domaines dans le Querci, l'attacha à sa personne qui n'eut pas de capitaine plus dévoué.

L'armée se porta, de là, sur Castelnaudary qui lui ouvrit ses portes. Ici se place un épisode que nous n'avons trouvé relaté dans aucun des historiens que nous avons pu consulter. — Il se trouve cependant inscrit dans Montaigne: « *En la ville de Castelnau Darry, cinquante Albigeois hérétiques souffrirent à la fois, d'un courage déterminé, d'estre bruslez vifs en un feu, avant de désadvouer leurs opinions.* » (1) — Il est probable qu'après l'occupation de la ville par les croisés les inquisiteurs, qui les accompagnaient toujours, découvrirent cinquante hérétiques, obstinés à garder leurs croyances ou parfaits, selon l'expression de l'époque. Ils furent livrés au bûcher selon la loi de la Croisade.

Montfort fit rétablir le château et restaurer les murailles de Castelnaudary. Les marches et les contre-marches de ses troupes démontrent qu'il avait voulu en faire le centre de ses opérations.

Il venait d'apprendre que Thibaut, comte de Bar, avait reçu à Carcassonne un grand renfort de croisés, la plupart Allemands. Toujours poursuivi par l'idée d'aller provoquer Raymond jusque dans sa capitale il pria le comte de Bar de prendre avec

---

(1) Montaigne. Essais. Liv. 1. ch. XL.

son corps la direction de Toulouse où il se rendrait lui-même avec ses forces. Les deux armées ne purent investir la place d'une manière complète. Contrairement à ses prévisions il trouva la population de cette ville courant aux remparts et bien décidée à se défendre vaillamment. Elle ne voulait pas abandonner le comte Raymond que le fougueux évêque Foulques voulait livrer aux légats. Les Toulousains ne parurent guère effrayés des préparatifs du siège. Pour montrer aux assiégeants qu'ils ne les craignaient pas ils laissèrent les portes des murailles ouvertes. Le comte de Toulouse s'était d'ailleurs assuré l'appui des comtes de Foix et de Comminges.

Les sorties heureuses des assiégés, l'expiration des quarante jours de service de bon nombre de croisés, les chaleurs torrides de la saison avaient singulièrement diminué les forces de Montfort. Il jugea qu'il ne pouvait prolonger le siège sans péril. Aussi, avant le jour, s'empressa-t-il de le lever, laissant au camp ses bagages et ses blessés.

Avant de rentrer dans ses cantonnements, il fit une incursion dans le pays de Foix, ravageant tout sur son passage. De là, l'armée se dirigea sur Castelnaudary, où elle se divisea en deux corps. Le premier, commandé par le comte de Bar, alla se

ravitailler à Carcassonne. Le second resta à Castelnaudary où il séjourna quelque temps.

L'abbé de Citeaux, informé des velléités de révolte dans l'Albigeois et le Quercy, engagea Simon de Montfort à se rendre dans ces contrées pour les terroriser. Il s'y rendit par la route de Cahors. Il apprit en passant qu'une cinquantaine d'hérétiques s'étaient enfermés dans une tour du château des Cassés. Il en fit une seconde fois le siège, la prit d'assaut et la rasa ainsi que les maisons du Bourg, sans y laisser pierre sur pierre. (1)

Il poursuivit son expédition jusqu'aux confins du Limousin. Ce fut à Rocamadour que les croisés allemands, dont le temps de service avait expiré, quittèrent l'armée pour rentrer dans leurs foyers.

Les rapports qu'il recevait l'informaient que la soumission n'était pas complète dans les pays qu'il avait si cruellement traités. Il apprenait en même temps que le comte de Foix, auquel il avait voué sa haine, avait fait prisonniers deux croisés de distinction. Il revint précipitamment dans le Lauragais. L'abbé de Citeaux amenant un fort contingent de croisés devait le rejoindre à Saissac. Montfort s'établit à Castelnaudary avec les trou-

(1) On voit encore dans un jardin du village des Cassés une église en ruines. Ce n'est pas par les croisés qu'elle a été détruite, c'est par les protestants pendant la la guerre de la Réforme.

pes qui lui restaient. Il y était à peine installé qu'on lui amena un seigneur qui avait rendu aux hérétiques le château de Puylaurens dont on lui avait confié la garde. Son procès fut rapidement instruit. Simon le fit pendre sur la place du château pour avoir refusé de se justifier par le duel.

Entre temps il était instruit que le comte de Toulouse avait reçu des secours importants, qu'il organisait une armée forte et nombreuse pour reprendre l'offensive et reconquérir les places fortes qu'il avait perdues.

Il partit pour Carcassonne pour prendre l'avis des principaux chefs des croisés. Un conseil y fut tenu. Il s'agissait de désigner le lieu le plus favorable pour organiser une résistance ou pour livrer une bataille. Les uns opinèrent pour Carcassonne, d'autres pour Fanjeaux, d'autres pour Castelnaudary. Simon de Montfort donna la préférence à cette dernière place. Il s'y rendit sans retard en y groupant toutes ses forces qui ne se composaient que de cinq cents hommes, tant chevaliers que sergents ou fantassins. Il y fut rejoint par cinquante chevaliers, véritables hommes de guerre envoyés au roi d'Aragon qui guerroyait contre les Maures. Il les avait rappelés au bruit des armements du comte de Toulouse. S'il eut été en son pouvoir d'ajourner les hostilités, il l'eut fait volontiers. Il avait laissé sa femme à Lavaur à la garde du chevalier Bouchard de Marli à qui il avait donné la seigneurie et le gouvernement de cette place ; son fils aîné était malade à Fanjeaux, et une fille qui venait de naître était en nourrice à Montréal. Malgré ces préoccupations de famille il se prépara à la lutte avec autant de sang-froid que de confiance.

Tout en se tenant sur ses gardes, il n'en fouillait pas moins les environs. Il fit une courte expédition à Carcassonne. Il se présenta devant Alzonne qu'il trouva abandonné. Bram ferma ses portes et lui résista. Il s'en rendit maître en trois jours de siège. Il y fit une centaine de prisonniers hérétiques. Après leur avoir coupé le nez et crevé les yeux, il laisse un œil à l'un d'eux et l'oblige à conduire ces mutilés à Cabaret pour effrayer les défenseurs de cette place qu'il n'avait pu réduire malgré plusieurs assauts.

Le comte Raymond parut devant Castelnaudary vers la fin de septembre 1211. Il était accompagné des contes de Foix et de Comminges, de Gaston, vicomte de Béarn, de Savary de Mauléon, et de divers autres grands seigneurs. Son armée était forte de près de cent mille hommes, d'après certains historiens, d'après d'autres beaucoup moins nombreuse. Il la fit camper dans les prairies qui se trouvaient au bas de la colline où était bâti le château-fort. Il occupa le bourg que les habitants, discrètement favorables à sa cause, lui livrèrent sans résistance. Il entoura le camp de fossés, et sur leur bord rangea les charriots. Il releva les murs de la ville ; il ne restait plus aux croisés que la forteresse ; en sorte que, selon l'expression d'un historien de l'époque, les assiégeants semblaient être les assiégés.

Les lieutenants du comte de Toulouse fourrageaient dans les environs. Le comte de Foix s'empara de Saint-Martin-Lalande.

Montfort faisait de fréquentes sorties. A peine la ville était-elle occupée par les soldats de Raymond qu'il les en chassa par une sortie furieuse ; mais il l'abandonna aussitôt, n'ayant pas de forces suffisantes pour la garder. Une autre sortie lui fut plus avantageuse. Elle l'aida à rendre libre un passage qui lui permettait d'aller faire boire ses chevaux à une petite rivière, la Touque, située à une demi-lieue de la place. (1)

Raymond ne négligeait rien pour assurer le succès du siège. Il avait fait élever un mangonneau pour battre les murailles du château. Cette machine ne parvenant pas à les ébranler, il en

---

(1) La Touque ne peut être que le Fresquel.

construisit une plus forte et plus grande, qu'on appelait le *trébuchet*, avec laquelle on pouvait lancer une grande quantité de pierres. Celle-ci eut des résultats plus heureux ; elle parvint à renverser une tour de la forteresse.

Montfort commençait à craindre que son ennemi ne vint à bout de s'en emparer. Il dépêcha le maréchal Gui de Lévis à Fanjeaux et à Carcassonne. Les ordres qu'il lui donnait étaient d'envoyer des émissaires dans les diocèses de Carcassonne et de Béziers pour en ramener des croisés. Les appels pressants faits dans ces contrées n'eurent aucun résultat. Les hommes rassemblés se débandaient aussitôt qu'on leur faisait prendre la route de Castelnaudary. A Fanjeaux il fut trahi par un chevalier du nom de G^{me} Cat, qui, au lieu de lui amener les secours qu'il était chargé de prélever, manœuvra de façon à les livrer au comte de Foix.

Il fut plus heureux du côté de Lavaur, où il avait envoyé Bouchard de Marli et Martin d'Algais. Ils amenèrent deux cent vingt hommes bien armés et pleins de courage. L'évêque de Cahors et l'abbé de Castres se joignent à eux amenant un renfort considérable. Les croisés jugèrent prudent de suivre, pour arriver à Castelnaudary, un chemin détourné et prirent la direction de Saissac. Simon de Montfort, prévenu de leur approche, envoya à leur rencontre Guy de Lévis avec quarante de ses hommes de guerre les plus solides, ne gardant avec lui, pour la défense du château, que quarante chevaliers, des écuyers et son infanterie.

Roger était instruit de la marche de ce corps. Il se mit en mesure de le surprendre. Il vint prendre position à Saint-Martin-Lalande. Toutefois, ne se croyant pas assez fort pour l'anéantir ou le disperser, il vint au camp pour prendre d'autres troupes. Il en laissa la garde à Raymond et à Savary de Mauléon et alla s'embusquer près de Lasbordes.

Le lendemain, Gui de Lévis, Bouchard de Marli et tous les croisés, ayant de bon matin entendu la messe et communié, prirent la route de Castelnaudary. Dans la crainte d'une surprise ils envoient des éclaireurs en avant. Les batteurs d'estrade viennent les prévenir qu'ils ont découvert une embuscade. Ils s'avancent avec plus de précaution et s'arment pour le combat.

Le comte de Foix se démasque et partage sa troupe en trois corps. Il met les chevaliers pesamment armés au centre, la cavalerie légère avec l'infanterie sur les ailes. Il s'avance contre les croisés en ordre de bataille. Ceux-ci sont conduits par les évêques de Cahors et un religieux de l'ordre de Citeaux, qui ne cessent d'exciter leur courage et les mènent au combat au chant de cantiques sacrés.

La mêlée devient générale. L'effort des soldats de la croix se porte sur le centre du corps de Roger. Mais les chevaliers, véritable muraille de fer, supportent le choc sans reculer. Ils repoussent vivement leurs ennemis, et après en avoir tué un grand nombre les forcent à la débandade. Roger dirige ensuite une partie de ses forces sur Lasbordes où s'était réfugié un gros parti de croisés. Géraud de Pépieux qui commande l'avant-garde l'aborde en criant : « Foix, Foix, Toulouse » et après avoir percé d'outre en outre, d'un coup de lance, un chevalier français qui voulait lui barrer le chemin, il attaque et met en complète déroute ce détachement attendu avec impatience par Montfort.

Celui-ci suivait du haut du château les péripéties de la bataille. Il s'aperçoit de la défaite de ses troupes et, après un moment d'hésitation, décide, malgré la faiblesse numérique de son escorte, de se porter à son secours. Il prend avec lui cinquante chevaliers, n'en laisse que cinq à l'infanterie à la garde de Castelnaudary et se dirige sur Lasbordes. Quand ils l'aperçoivent les chefs des croisés reprennent courage, se rallient et reviennent à la charge. Le comte de Foix soutient vigoureusement l'attaque et parvient à la repousser; un des fils du châtelain de Lavaur est tué dans le combat. Roger reste de nouveau maître du champ de bataille;

mais ses soldats se dispersent pour piller et dépouiller les morts. Bouchard de Marli s'en aperçoit et se rue avec furie sur le camp et fait carnage du peu de troupes qui le gardent. Le Comte de Foix veut rétablir le combat; il fait des prodiges de valeur; il tue de sa main trois autres fils du châtelain de Lavaur, brise son épée à force de frapper; mais les croisés avaient repris l'avantage et avaient obligé sa cavalerie à fuir précipitamment. Lui-même est forcé de rallier le reste de son infanterie et de battre en retraite, malgré la supériorité du nombre des siens.

Montfort se met à la poursuite des fuyards. Ceux qu'atteignent ses soldats crient : « Montfort, Montfort, puisque vous vous dites des nôtres, donnez-nous en des preuves, et tuez ceux qui fuient. » Plusieurs, pour éviter la mort, s'employèrent à cette cruelle besogne.

Le généralissime de la croisade, après avoir longtemps poursuivi les fuyards, concentra toutes ses troupes, se mit à leur tête et arriva triomphant à Castelnaudary. Il se déchaussa sur l'une de ses portes, marcha nu-pieds jusqu'à l'église, où il fit chanter un *Te Deum* (1).

---

(1) La tradition a conservé l'air d'une marche, appelée la marche de Montfort, que les fifres jouaient il n'y a pas longtemps encore pendant les processions.

Après diverses expéditions il revint à Castelnaudary, où il convoqua une grande assemblée, beaucoup de gentilshommes, beaucoup d'ecclésiastiques ; c'était en présence des plus notables des croisés qu'il voulait donner la ceinture militaire à son fils Amauri. Guy, son second fils qui faisait le siége de Puycelci en Albigeois, le leva pour s'y rendre. La cérémonie eut lieu le 24 juin 1213. La ville ne pouvant contenir tous ceux qui s'y étaient rendus, on avait installé de nombreuses tentes en dehors de ses murs. C'est sous la plus grande que les évêques d'Orléans et d'Auxerre célébrèrent pontificalement la messe. Le jeune Amauri fut conduit à l'autel par son père et sa mère Alix de Montmorency. Après le désir humblement exprimé d'être fait chevalier pour le service de J.-C., les prélats lui mirent la ceinture militaire, le bénirent et le sacrèrent chevalier.

La bataille de Castelnaudary fut suivie de près par celle de Muret. Le roi d'Aragon était non-seulement le parent et l'allié du comte de Toulouse, mais il avait des droits de suzeraineté sur les comtés de Foix, du Lauraguais, de Carcassonne et de Béziers. Au mépris de tous les droits, Simon de Montfort s'était approprié tous les domaines dont il s'était emparé. Pierre d'Aragon venait de remporter une grande victoire sur les Maures.

Libre du côté de l'Espagne, il tourne ses armes contre les croisés et entre en France par la vallée de la Garonne. Le chef des croisés avait prévu l'intervention armée du roi et avait déjà mis une forte garnison dans Muret. Pierre arrête ses troupes devant cette place et en fait le siége. L'attaque fut vigoureusement poussée. Les assiégeants avaient déjà forcé la première enceinte lorsqu'on vit apparaître les milices de Montfort. Avec l'aide de la garnison, le chef des croisés entre facilement dans Muret. Il prend sans différer des dispositions pour la bataille qu'il se propose de livrer le lendemain. Après avoir divisé son armée en trois corps, il sort de la ville et se porte sur les lignes des confédérés. La résistance ne fut pas longue. Pierre d'Aragon, un des hommes les plus braves et les plus chevaleresques de son temps, fut tué ; un grand nombre des siens s'enfuirent par la Garonne, sur les bateaux qui les avaient amenés ; les autres furent tués, noyés ou faits prisonniers. On porte à 15 ou 20,000 le nombre de tués à la bataille de Muret (1213).

L'anéantissement de l'armée d'Aragon enleva toute espérance au comte de Toulouse, qui se rendit avec son fils auprès du roi d'Angleterre, Jean-Sans-Peur, son beau-frère.

Il vint ensuite à Rome pour chercher à rendre

le Saint-Siège plus clément. Ce voyage ne lui procura aucun avantage. On l'écouta avec déférence, mais on ne lui fit aucune promesse.

Le levain de résistance et de vengeance, qu'il n'avait pu éteindre, s'éveilla lorsqu'il apprit que le concile de Latran le dépouillait de tous ses biens et les attribuait à Simon de Montfort. Il résolut de reprendre les hostilités. L'accueil qu'il reçut à Marseille, où la population l'acclama à son retour de Rome, l'invitation des habitants d'Avignon à venir prendre possession de la ville, les offres de beaucoup de partisans et de seigneurs, contribuèrent à l'affermir dans ses desseins. Il organisa une petite armée dont il donna le commandement à son fils Raymond VII, qui marcha immédiatement au secours de Beaucaire. Lui-même se rendit en Aragon pour y lever des troupes.

Raymond VI avait pu rassembler une petite armée en Catalogne et en Aragon. Il avait appris que Simon de Montfort avait dévasté les environs de Toulouse, plusieurs fois brûlé ses faubourgs et infligé à ses habitants une forte rançon. Il savait aussi que le joug des croisés leur était insupportable et qu'il trouverait en eux un puissant appui pour reconquérir ses domaines et son prestige. Il s'achemina prudemment vers sa capitale, y pénétra sans trop de difficultés et s'y enferma. En toute hâte il répara les murailles, construisit des barricades, des retranchements et rempara même certaines parties de la Ville. Il devait s'attendre à son investissement prochain.

Montfort, en effet, ayant appris son entrée dans Toulouse, vint y mettre le siége. Pendant 7 mois il fit battre les murailles ou donna des assauts, mais sans résultats. *« Il avait fait construire « une chate, c'était une grande machine de guerre, faite « de bois, à la faveur de laquelle les soldats s'approchent « à couvert des murs de la ville, pour aller à l'assaut « à mesure qu'ils comblaient les fossés avec des fascines « ou de la terre. Montfort s'était enfermé dans cette « machine, et en étant sorti pour encourager les siens, « ne se fut pas plutôt montré, qu'il fut tué d'un coup « qu'il reçut à la tête, d'une pierre lancée par un mangonneau de la ville, 25 Juin 1222. »* (1)

Sa mort jeta la consternation dans le camp des croisés. Amalric son fils aîné, qui prit le commandement de l'armée, constatant leur profond découragement, crut prudent de lever le siége. Il se retira à Carcassonne.

Néanmoins les hostilités ne furent pas suspendues.

Le jeune Raymond (Raymond VII) qui avait

Lafaille.

pris le commandement de l'armée de son père reprit l'offensive. Il s'empara de Lavaur, dont il fit passer la garnison au fil de l'épée, et vint surprendre Castelnaudary, dont il s'empara facilement. Mais Amalric de Montfort, au désespoir de l'avoir perdue, dit l'anonyme du Languedoc, réunit en toute hâte toutes les forces dont il pouvait disposer et en fait l'investissement (13 juillet 1220). Il est secondé par son frère Gui, comte de Bigorre. Raymond avait eu soin de bien ravitailler la place; il prévoyait un siège long et acharné. Il harcelait l'ennemi par de fréquentes sorties. Pendant l'une d'elles Gui fut blessé et fait prisonnier. Il expira bientôt après. Le comte de Toulouse le fit mettre dans une bière qu'il entoura d'un drap de pourpre, et se fit un devoir de l'envoyer à son frère.

Cette mort irrita la colère d'Amalric, qui poussa le siège avec plus de fougue et d'acharnement. Mais ses efforts vinrent se briser contre le courage et la ténacité des assiégés. Après huit mois d'entreprises inutiles, épuisé de fatigues, manquant de ressources, voyant la désertion se mettre dans les rangs de ses troupes découragées et abattues, il leva le siège (mars 1221).

A partir de ce moment les belligérants guerroient pour reprendre les villes perdues soit dans la Provence, soit dans le Languedoc, soit dans le Querci, soit dans l'Albigeois, mais c'est avec la lassitude qu'amène toujours une longue guerre. L'enthousiasme, l'entrain, qui caractérisaient les premières campagnes ont disparu ; des deux côtés on consentirait volontiers une trêve.

Le médiateur trouvera le terrain préparé, le moment psychologique, comme on dit aujourd'hui, pour amener la suspension d'armes ardemment désirée.

Au mois d'août 1822 mourut Raymond VI, dans sa bonne ville de Toulouse. Ses restes ne furent pas inhumés parce qu'il était excommunié.

Le cardinal Saint-Anges, envoyé par le Pape pour préparer les voies à une pacification générale, tira un profit heureux de cet événement. Secondé par l'archevêque de Narbonne il parvint à décider Raymond VII à faire à l'Eglise une soumission respectueuse, et à répudier les doctrines dont il avait favorisé l'expansion.

Ce fut le 12 avril 1829, devant le portique de Notre-Dame de Paris, en présence du roi Saint-Louis, des légats, des archevêques, des évêques et de toute la cour, que le comte fit serment d'observer les 21 articles du traité qui lui fut soumis. L'article 16 porte qu'il démolira les murs et comblera les fossés de 30 villes ou châteaux. Fanjeaux et Castelnaudary occupent le premier rang dans la liste.

Après avoir prêté serment, le Comte fut introduit dans l'église pour y être relevé de l'excommunication qui l'avait frappé. « *C'était un spectacle* « *digne de compassion, dit un auteur de ce temps,* « *Guillaume de Puilaurens, de voir un grand homme* « *après avoir résisté à tant de nations, être conduit jus-* « *qu'à l'autel en chemise, en haut de chausses et nuds-* « *pieds.* »

Le traité de Meaux (1229) vint enfin mettre un terme à cette continuité de massacres et de guerre civile. Le Comté de Toulouse et l'Albigeois furent réunis à la couronne; quelques parties de ses états héréditaires furent laissés à Raymond VII et le mariage de sa fille Jeanne fut stipulé avec Alphonse de Poitiers, frère de Louis IX. Dès ce moment les peuples de la langue de Provence cessèrent de former une nation distincte et il n'y eut plus de France aragonaise. La branche capétienne recueillit tout le fruit de la guerre des Albigeois.

EXTRAIT
DE L'HISTOIRE DES ALBIGEOIS
Par l'Anonyme du Languedoc.

Et adonc es estat advertit de tout so dessus lodit conte de Montfort, et com lodit conte Ramon avia la plus granda armada que jamais home aguet vista, dont s'es fort esbait et non sans causa, et d'autra part és estat avertit com le conte Ramon fa portar una granda quantitat d'engins per tyrar et deroquar ladite cieutat de Carcassona. Et adonc a mandat par tout lo pays, et aisso als garnisos, que calcun se retire devers el aldit Carcassona, car grand coyta és de o far, et aussi a mandat à touts sos amics et aliats, losquals son venguts devers el. Et quand son estats trastots ajustats aldit Carcassona, se son metuts en conseilh sur lodit afar, per veser se deu attendre dedins lodit Carcassona lodit conte Ramon et son armada, ou que deu far, et que daisso cascun lo veilha aconseilha et dire son avis. Sus aisso ly a respondut vng sage et valent home apellat n'Uc de Lasti, en ly disen : Senhor per mon opinion vous no vous tendrés par barrat dedins ayssi, mais si creire me volés, la foras vers Fanjau les irés attendre et demura, an toutas vostras gens, et aisso al plus simple et feible castel et plassa que vous ajas en aquel cartier. Adonc a semblat ladite opinion bona al conte de Montfort et als

touts les autres, et aisso per los monstrar que el no los
crenha gaire; et ainfin que és estat dict per lodit de Lasti,
és estat faict. Et incontinen lodit conte de Montfort a faict
métre toutas sas gens en poinct et en armas, et en bella
ordonnansa les a faict tirar devers Castelnau, couma la
plus feibla plassa qu'el aguessa per aquel temps en touta sa
terra et senhoria, et aqui a atendut sos ennemics, entra
que son venguts an totas sas gens.

Et adonc és estat arribat aldit castel, lodit conte Ramon
an touta son armada; car era advertit que lodit conte de
Montfort le atendia aldit Castelnau an touta sa gen.
Et quand lodit conte Ramon és estat arribat aldit Castelnau, la ont per aquela hora s'és desplegat et tendut maint
pabalho et tenda, talamen que semblava que tot le monde
fossa aqui ajustat: tant grand eta lodit sety et armada;
la ont fouc aussi desplegat maint standar et ensenha, et
metuda al vent. Et quand lodit sety és estat pausat, et cascun logiat selon son estat, adonc lodit conte Ramon a faict
tendre vng trabuquet per tira aldit Castelnau: et adonc
l'an destrapat, et talamen an tirat aquel cop, que vna tor
et tinel deldit Castelnau an derroquat, dont s'és fort esbait
lodit conte de Montfort amay sas gens; losquals eran an el
et en lodit castel. Adonc ledit conte de Montfort a trametut
serquar lodit senhor Bocard, loqual avia laissat à Lavaur per
la guardar et ne estre gouvernado. Et adonc quand lodit
Bocard a ausit lo mandement de son senhor, prestament
s'és metut en poing, et aisso per venir devers el an dos cens
homes que amenats an el, entro loquals y era vng filh d'el
castela d'eldit Lavaur, home valen et ardit, se ne avia en tot
lo monde vng autre; et an lodit Bocard s'és metut de son
bon grat, sans estre mandat, vng autre valen et ardit gen-

tilhome, loqual se apellava Martin Alguais, loquel menava an el vingt homes ben montats et ben armats, et gen valenta. Touts aquestes son venguts devers lodit conte de Montfort aldit Castelnau. Ainfin que aquels si dessus se assemblavan, ainfin que dit és, és venguda vng autra companya de gens ben armada et acotrada devers lodit conte de Montfort, so és l'évesque de Cahours et lo de Castras; touts aquestes venian an vna bona et granda armada de gens, per donnar secours aldit conte de Montfort.

Et dementre que toutas aquestas gens venian et se préparavan per venir, és vengut vng messatge al conte de Foix, louqual era en lodit conte Ramon aldit sety, et à luy dis coum grand quantitat de vieures venian aldit conte de Montfort, et aisso devers lo pays de Carcassés. Et quand a agut entendut ledit messatge, encontinent s'és armat, et a faict armar la plus grand partida de sas gens, sans dire rés à home que sya. De faict et devers las Bordas és anat, et entra lasditas Bordas et Castelnau s'és embosquat, atenden lesdits vieures que venguessan. Et adonc és estat saubut per lodit sety que lodit conte de Foix s'en era anat ostar les vieures: adonc la plus grand partida d'eldit sety s'és armat, et l'an segut, et après el son anats; car cascun desiderava d'estre en sa companya, à causa que era lo plus entreprenen que las autres, et le plus aventural; talamen que petita gen és demorada aldit sety, car no y és demorat sinon lodit Savary de Mauleo.

Or dis l'historia que dementre que lodit conte de Foix s'era anat metre en son embosque an totas sas gens, le senhor Bocard venia devers lodit Lavaur an totas sas gens. Et quand és estat prés deldit Castelnau, a metudas sasditas gens en bona ordenansa, et les a fait marchar ben armats et ben ferrats, et avisats; car se dobtava de so que ly adevenguet, car home sage et valen era, et a faict anar devant sos avantcorreors, per descouvrir se avia degun embosca en loc. Ainfin que lesdis avantcorredos son estats al prés de ladite embosca, an la sentida et aucunamen vista, et se son reculats devers la compania et capitani. Et adonc an dict aldit Bocard com els an vista ladite embosca, laqualla era granda, et aussi ly ont dict la ont era. Adonc lodit Bocard quand a ausit so dessus, a faict melhor encaras ferrar sasdites gens, et a lor dict et demonstrat que aqui no a remedi, si non de ben far cascun, et de se defendre lo melhor que poyran, et que degun no s'en embaysca: mais que cascun age bon coratge. Et adonc quand lodit conte de Foix a vist et conogut qu'el era descouvert, és salhit de ladite embosca, an totas sasdites gens, et dreict sur lodit Bocard et sas gens son anats frapar, en talo sorta et de maniera, que qui ho vissa, dissera que aqui devia prendrefin tout lo monde; talamen tombavan, les vns morts, les autres blessats, que grand pietat era de ho veser. Car ledit conte de Foix non cessava de abatre et tuar gens, car toutos los que le vesian venir ly fasian plassa, car no podian endurar ny suportar las grands alar. mas que fasia, car era vng des valens homes que troberen per lara en tout lo monde; per laqual causa cascun lo volia segre, et talamen an faict que aldit Bocard és estat forsa de se retirar lo melhor que a pogut ny saubut, an las gens que a pogudas salvar ny gardar, nonobstan que grand gen ly avian tuada et blessada.

Et quand so dessus és estat faict, couma dict és, no se contenten de so que avia faict aldit Bocard an toutas sas gens, és anat assalhir una granda companya desdits crosats, losquals eran en garniso à lasdites Bordas, et eran Francèses; et talamen que de prima arribada Guiraud de Pepios, que dessus és nommat, rencontret vng desdits crosats, loqual era vng gentilhome, home valen, alqual lodit de Pepios anat donar tal cop de lansa, que d'oultra en oultra lo passet. Et adonc quant agut donnat lodit cop, a commensat de cridar : Foix, Foix et Tolosa ; et talamen an frapat, que tuat, blessat et los ne menat. Mais lodit conte de Montfort a ausidas las nouvellas, com lodit conte de Foix ly tuava sas gens à lasdites Bordas ; et adonc y a trametut lodit Bocard an vna granda companya per secourre lasdites gens contre lodit conte de Foix, loqual quand a sabut et entendut que grand secours venia devers lodit Castelnau, à aquels de lasdites Bordas adonc les a laissats, et contra lodit secours és anat, et aysso en tala faysso an frapat les ungs sus los autres, que de cascun cartier n'y a agut de mal adobat. Mais à la fin lodit Bocard, loqual era capitani et gouvernado d'eldit secours, és estat forsa s'en fugir, car autramen y fora mort et demorat, car lo filh del castella quedessus és nommat, y fouc tuat, et la pluspart d'eldit secours.

Et adonc quand Marty Alguay, que dessus és dict, et l'evesque de Cahours, losquals eran touts al secours an vist ayso, son se metuts à fuita sans frapar cop, mais que may a pogut a fugit ; talamen que jusquas que son estats dins Fanjaux no se son amusats ; et per ainfin és demorat lo camq aldit conte de Foix. Et adonc quand las gens d'el dit conte de Foix an vist que los ennemics s'en eran fugits, son voulguts anar fourregiar los que eran morts et blessats sus la plassa, et de faict y sont anats à lor grand dam et malaventura ; car ainfin que se attendian aldit fouratge, lodit Bocard avia rassemblats aucuns d'aquels que eran scapats et fugits, et son venguts frapar sur aquels que fourrejavan, et talamen que la pluspart d'aquels y sont demorats morts à la plassa, per fa compania als altres. Et adonc mentre que lodit Bocard fasia ladita tuaria de las gens d'el conte de Foix, és sobre vengut lo conte de Montfort an vng grand et poissant secours, et à qui aguessa vist dona alera et prendre; podia ben dire que jamais no avia vist melhor far, car de cascun cartier se tuavan sens aver marcé d'els vngs les autres : et talamen que on no sabia que avia d'el melhor : mais touta vest y demoreguen trés filhs d'el castela de Lavaur, que plus no ne avia, losquals eran gen valenta, tals que on disia que en touta la compania d'eldit conte de Montfort no n'y avia de tals, coma eran aquels trés; car qui aguessa vist alera lodit conte de Foix frapar, podia dire que cavalhier era sans reprochi; car jamais Rolland ny Olivié per vng jour no feguen may faits d'armes que aquest conte de Foix fec per lara; car de forsa de frapar son spasa se rompet entre sas mas. Et adonc arribet son filh d'eldit conte de Foix, vng valen cavalier et ardit, autant ou plus que son payre, an vng grand secours que le amenet, et se appellava per son nom Rogier-Bernard, loqual quand és estat arribat, sés demandar que avia de melhor, s'és metut en la plus grand pryeysa que y sia estada, en toutas sas gens, losquals an frapar de tala forta, que era de lors ennemics an tuats et nafrats, et los an faicts touts touts recular vng grand tros de camy : an loqual Rogier-Bernard eran an sa companya vng appellat lo cavalier Porrada, et Sycard de Pech-Laurent et un autre appellat la Grua, losquals eran gens valenta se ne avia en tout lo monde ; et l'on no sabia los parels. Et adonc la neit les a subreprefés, per que és estat forsa de se retirar cascun en son cartier; les uns dins lodit Castelnau, les autres à lor sety. Et quand lodit conte de Foix és estat arribat aldit sety, a trobat que on plegava las tendos et pavalhos, com si fossan estats touts tuats.

www.ingramcontent.com/pod-product-compliance
Lightning Source LLC
Chambersburg PA
CBHW061003050426
42453CB00009B/1241